Made in the USA
Middletown, DE
11 December 2021

55141445R00068